EL SOL Y LAS OTRAS ESTRELLAS

RAQUEL LANSEROS

EL SOL Y LAS OTRAS ESTRELLAS

XXVI Premio Internacional de Poesía
Generación del 27

VISOR LIBROS

VOLUMEN MCCXXVII DE LA COLECCIÓN VISOR DE POESÍA

Un jurado presidido por Rosa Romojaro y compuesto por Isabel Pérez Montalbán, Pedro Flores, Jesús García Sánchez y José A. Mesa Toré, actuando como secretaria María Jesús Bernet, concedió a este libro el XXVI Premio Internacional de Poesía Generación del 27.

Cubierta: *La noche estrellada*, Van Gogh

Isaac Peral, 18 - 28015 Madrid
www.visor-libros.com

ISBN: 978-84-9895-577-4
Depósito Legal: M-9040-2024

Impreso en España - Printed in Spain
Gráficas Muriel. C/ Investigación, n.º 9. P. I. Los Olivos - 28906 Getafe (Madrid)

Para Kai

El amor que mueve el sol y las otras estrellas.

Dante Alighieri

ODA A LA CREENCIA

Quién pudiera creer, seguir creyendo
en ti que eras quien creyó que fuiste
aquella que yo creí ser algún día
cuando creía en tus ojos y creyéndote,
volvía a creer, crédula y sin descrédito.

Hoy me cuesta creer que te creyera
y sin embargo, aunque no me creas,
nada quisiera más que creer de nuevo,
ligero el corazón de descreimiento,
como solo se cree antes de haber creído.

NUEVO AMOR, NUEVA VIDA

Und doch, welch Glück! Geliebt zu werden,
und lieben, Götter, welch ein Glück!

JOHANN WOLFGANG VON GOETHE

Así somos, Amor, ingratos y volubles
tú que nos has creado nos conoces
como niños insomnes, como niños
que miran a la luna, te soñamos
sin plan ni vocación, lejos de comprenderte.

El resto es bien sabido: delirio, confusión
crujir de dientes, mesado de cabellos.
No faltan necios con reclamos y quejas
déjame en paz, amor tirano
en mala hora retírate
Liebe, Liebe, laß uns los.

Que solo te merecen los valientes
los cándidos, los puros, nadie podrá negarlo.
Que nublas, que enloqueces
¿quién lo ignora?

Sin embargo, ¡qué suerte ser amado!
Y amar, ¡dios mío!
¡qué suerte!

MADRE

Descomunal, gigante, titánica, celeste
vasta, infinita, inmensa
nutrida, incandescente
estable, arbórea, sólida
mayúscula, cuantiosa
considerable, fértil, suficiente
humana, mancillada, claroscura, fugaz
intermitente, perfectible, frágil
abarcable, apagada, reducida
mortal, tambaleante
huidiza, declinante, diminuta
efímera, rendida, imperceptible.

Así de madre a hija. De hija a madre.
Aspirar.
Igualar.
Desvanecerse.

ADN

No la materia, no.
Las instrucciones para estructurarla.
Un milenario código secreto
de ejecución insobornable.
Orden, cantidad, turno
capacidad y resistencia.
Intervalo aproximado y máximo.
Hélices duplicadas de información pulsátil
en supremo poder.

Qué regalo imposible. Ya amanece
el mundo te contiene y me contiene.
El día nos abraza mientras alguien
en remota sustancia está emitiendo
mientras alguien descifra, mientras alguien
corrige cada impulso y lo reordena.

Y qué honda algarabía ser mensaje
no comprender la vida y ser su forma.
Amar sin abarcar
pero permaneciendo.

LA CASA DEL FUTURO

Veo mis ojos en tu rostro
como si la vida no se desgastara
como si la ocasión de comenzar de nuevo
no terminase nunca.
Dime que tú estarás
cuando se queden los pájaros cantando.

Lo sabe bien la Historia y yo lo intuyo
en el balance
                    qué pocas cosas para vanagloriarse
salvo tu eternidad, de eso no hay duda
este feliz milagro de haber sido el arco
que disparó una flecha a la casa del futuro.

EL TODOPODEROSO

Miradlo reclinarse en la infinita bóveda del cielo.
Contempladlo arrastrar en los andenes
maletas somnolientas cargadas de satélites.
Escuchadlo cocer en las cazuelas
de las cocinas humildes de las casas.

Está en las colas gélidas de las embajadas
en las verbenas de los extrarradios.
Vive en los quirófanos esterilizados de los hospitales
en los granos de arroz de una lejana boda
que comen los gorriones en la plaza.

Es el amor, anfitrión permanente
música orbicular y soberana.
Es el amor, soy yo
eres tú, son todas las criaturas.

Amor, eterna rosa con su trono
que solo ven los sabios y los niños.

COBARDE Y ANIMOSA

No me platiques más
déjame imaginar
que no existe el pasado
y que nacimos
el mismo instante
en que nos conocimos.

Vicente Garrido Calderón

Quién hubiera podido estar presente
en tu primer temblor
déjame imaginarlo
tu hogar recién construido
fresco, secando al sol
tu lumbre inaugural
tu remolino puro sobre el mío.

Hoy me cuesta pensar en cuántos labios
tuviste que rozar
cuántas palabras
cayeron como gotas en tu oído
qué imposibles montañas escalaste.
Yo sé que soy aquella cuyos pasos
han cruzado también relojes y desiertos
pero quiero soñar que recién llegué al mundo.

Ya no me digas más
con tu permiso me negaré a escucharlo
déjame imaginar que en luna nueva
acabamos de estrenar el principio
que nunca hemos llorado
que *sea la luz* decimos
y la luz es.

LLAMA AZUL

Arde calcina abrasa
blaue Flamme, die mich so verbrennt
mi lámpara de fuego
tiernamente quemándome
blue fire burning in my veins
mi destello encendido
mon feu sans cesse ma flamme allumée
que me incendia más dentro
mi pulpa abrasadora mi canícula
amore mio ardente e infinito
mi libertad mi lumbre
mein Lichtlein ist das heiß
mi inagotable vértigo
o meu fogo demais
más azul más profundo
las palabras se estrechan disminuyen
desazulean no alcanzan
when will I see you again
ya no puedo me quiebra
your brightness oh my spear
mi dios incandescente
deine helle Lippen muss ich küssen
tan llama

tan luz mía
tan delicadamente vida eterna
que prende mi razón y me consume.

OBITUARIO

Mi corazón murió.
¡Qué extraño caso!
Solo me desperté y ya no latía.
Por las calles dijeron por las plazas
preguntaron ¿usted tomó cuidado?
Mi pajarillo inmóvil
¿tanto te aventuré por la intemperie?

Déjame que te abrace contra el pecho
soñar por un instante que me habitas.
Ya sé que aunque quisieras
no puedes palpitar
ya sé que ahora estás muerto.
¡Pero me duele tanto
vivir sin corazón!

ME INVITO A CENAR

Yo creo en muchas cosas que no sé si existen.
La noche es inmutable, los planetas ambiguos
cómo puedo saber si estoy soñando.
Pregunto por mi alma sin descanso
médula adentro busco
ilimitadamente me pierdo en una niña.

Quiero reconocer su rostro que fue mío
tomarla de la mano
declararle mi amor rodilla en tierra
con temblor primerizo y un par de esperanzas:
que esté viva
y me acepte.

LO LLAMAN DESENCANTO

Soñé que era verdad lo que es mentira
pues es embaucadora la apariencia
se disfraza traidora de inocencia
efímero espejismo de quien mira.

La esperanza crepita hoy en tu pira
tras agotar el poso de paciencia
ante tu lacerante indiferencia
mi ilusión, mancillada, se retira.

¿Quién tendrá por fehaciente un vil engaño
y la cruel realidad por embustera?
¿Dónde está la virtud, dónde el amaño

dónde la infamia casi verdadera?
En el arca se vende hasta el mal paño
y a veces la razón no es lo que era.

¿POR QUÉ?

¿Por qué buscan la tierra los girasoles una vez maduros?
¿Por qué nunca acontece ese anunciado día llamado
 mañana?
¿Por qué no ha visto nadie
un sol desobediente salir por el oeste?
¿Por qué los hijos escuchan *todavía*
cuando los padres pronuncian *ayer*?
¿Por qué los pájaros se enamoran volando
de las ramas sobre las que posarse?
¿Por qué nunca se cansa el peso de caer?
¿Por qué te quiero así?

¿Por qué te quiero?

BODAS DE SANTIAGO Y JULIA

Sus votos, sin embargo, conmovieron a los dioses
y es que el color del fruto es, cuando está maduro, negro
y lo que queda de sus piras descansa en una sola urna.

Ovidio

Píramo y Tisbe podrían haber sido mis abuelos.
Compartieron la oposición de un padre
la muerte resoplando tras la nuca
y un moral
en su caso, negro desde el principio.

Tuvieron además interminable guerra
en España, en Europa
en las tinieblas del corazón con miedo.

Nada en 1943 invitaba a vivir
ella dormía en pobreza, él en celada
pero perseveraron
a pesar del derribo oficial de la esperanza
de la noche sin fin que aprisionó las moras.

No hubo luna de miel, ¿qué significa eso?
Solo existió el valor de ignorar la tristeza
y fecundar la tierra con su ejemplo.

No me perdonaría no añadir
que el tiempo sabe honrar a quienes se aman.
Después de tanto azar, Julia y Santiago
se vuelven a llamar Píramo y Tisbe
lo que queda en el mundo de sus cuerpos
descansa para siempre en una sola tumba.

JOIE DE VIVRE

Amar la vida
más que el sentido de la vida.

Fiódor Dostoievski

Sense and notion. You are not here to verify.

T. S. Eliot

Florecen los jazmines sin saber por qué
del todo indiferentes
al dulce desenlace de su aroma.
Tú no eres un perfume
pero yo te deseo.

Ambiciono incesantemente
el torrente de sangre que te nutre
las fibras de tus músculos
contraídas
dilatadas
el aire que despiden tus pulmones
                                        para construir tu voz
tu piel regenerándose sin tregua
impermiabilizándote
el esponjoso tacto de tu glande
los jugos de tu páncreas

afanados en reordenar nutrientes
la mucosa frutal de tu intestino.

Celebro tu existencia
te celebro
tan masculinamente sustancioso
en esta afortunada elevación
de no tener motivos
de no necesitarlos.

Tú no eres un perfume
ni un sueño ni un jazmín.
No eres conclusión sino naturaleza.

El sentido final
la razón última
no se alcanza a saber
solo se siente.

EL SECRETO DE LOS ÁNGELES

Muy pocos conocen el secreto del amor,
sienten ansia insaciable
y sed eterna.

NOVALIS

Como todo secreto verdadero, está a la vista, deambula en todas partes, nunca ha necesitado ocultamiento para ser invisible. Habla todas las lenguas, discierne cada gesto, no envejece. Huye de los rumores, de los discursos vanos, de la agonía de los escaparates. Sus albaceas se denominan ángeles. Espíritus celestes apenas perceptibles cuya inocencia irradia inmortalidad. Sus palabras son nítidas, diáfano su intento, sus ecuánimes alas transparentes. Nada aun así tan arduo como comprenderlos. Susurran que debemos merecer su mensaje, merecer cerciorarnos, merecer darnos cuenta. Vacilantes y lentos, hasta el más avezado de los seres humanos invierte enteros plazos tratando de absorber cada pigmento, cada tonalidad, cada matiz. Amor hemos llamado a ese merecimiento. Los ángeles habitan un fugaz resplandor, colman los huecos tristes, se manifiestan solo ante el retablo de la imaginación. Los ángeles nos besan los párpados callados, nos elevan del cieno y se diluyen en el carillón, sin herir hojas ni mover cristales. Los ángeles se acunan dentro de nuestros huesos. Ellos y su secreto saben todos los nombres. Los nombres que tuvimos, los que más deseamos, aquellos que podríamos haber tenido entonces. Los nombres que tendrán quienes merezcan el secreto algún día y vuelvan a ser ángeles.

ESE MALDITO DÍA QUE EXIJO NO VIVIR

No logro imaginarlo aunque lo intuya
amenazante
cada vez más cerca.
Si hubiera una manera de esquivarlo
por minúscula
o improbable que fuese
pero todo sugiere que no hay escapatoria.

Que no, no quiero verlo
no digáis que no puedo evitar su llegada.
Ese día futuro que odio y temo
un día que son años y son largos
cuando tú ya no estés
en el mundo
mamá.

AMORES IMPOSIBLES

El alma humana tiene grandes misterios que penetrar
y grandes cuestiones que debatir cuando está sola.

WILLIAM SHAKESPEARE

Hace cuarenta años, todas las horas les pertenecían.
Lo que veían cuando se miraban
era la raíz del mundo.
Siempre intuyeron
que no necesitaban nada más
dos cuerpos desiguales frente a una misma incógnita
las manos enlazadas
compartiendo presente, sueños y agua.

Hoy se encuentran de nuevo. Al fondo de sus ojos
han vuelto a vislumbrar aquel solaz
cuando todo era suyo
cuando ambos eran todo.

Las despedidas nadie las decide
los que saben las llaman ley de vida.
La abuela octogenaria y el corpulento nieto
se abrazan en la tarde.
Te quiero, se susurran.

Hay amores sagrados que no terminan nunca
aunque estén condenados a ser breves
aunque pertenezcan a tiempos distintos.
Aunque sean imposibles.

VERDE VEREDA DE ASFALTO

Las escaleras del metro
son nutrias agazapadas.
Cómplices televisores
escupen bulos de escarcha.
Ronda en las alcantarillas
sangre con rostro de agua.
Así amanece el destino
entre edificios de plata.
Los andamios balbucean
aluminio de esperanza.
Por más que el hormigón pese
los ojos nunca se acaban.
Yo sueño que abrazo el mar
el mar sueña que me abraza.

ESTA INMENSA TRAMA

¡Qué dulce esta inmensa trama!
Tu cuerpo con mi alma, amor
y mi cuerpo con tu alma.

JUAN RAMÓN JIMÉNEZ

Debo fingir que en el pasado fueron
Persépolis y Roma.

JORGE LUIS BORGES

oigo afirmar que hay mujeres y hombres
será que fantasear harto complace
finjamos pues que hay otros
ocultemos
la sabrosa verdad
          de sabernos los primeros y los últimos

simulemos en engañado trance
que los siglos existen
que las punzadas el aire y las entrañas
                    se sospecharon antes
que las almas han perseguido siempre
la jugosa ensenada de los cuerpos
que se agotan ventura y desventura
que late la memoria de otras tramas
que no somos nosotros a solas solamente

6 1 7 0 1 4 1 0 5

Durante muchos años hablamos con frecuencia.
Hoy es el primer día que reparo en tu número,
cifra a cifra.
Casi siempre me había limitado a devolverte luego la llamada.
Todo lo tuyo era reparador
la sonrisa siempre combatiente
los habanos de firma
la maleta de ganas de vivir.
Son cuatro días, decías, como decimos todos
pero tú parecías saberlo de verdad.
Te conocí en Japón, donde habías ido
a gozar la belleza de este mundo
—que me aseguran acabas de dejar—
mientras que yo trataba de encontrarme.

No comprendo muy bien qué significa
esa voz enlatada
el teléfono marcado no se encuentra disponible,
inténtelo de nuevo más tarde.
¿Cuánto tiempo es más tarde?
¿Cuánto más calculas?
¿Dónde está ahora tu voz hospitalaria
lista para abrigar?
¿Por qué ya no funcionan esos nueve números?

Teléfono.
Dicen que significa señales acústicas de lejos.
¿Más lejos que Japón?
¿Más que la nada?
¿Más que los cuervos negros de nunca jamás?

A propósito, te gustará saber
que volveré a Japón en primavera.
No estoy segura de que siga existiendo
pero sé a ciencia cierta que yo no,
al menos no quien conociste en Tokio.

La amistad urde pasos
más largos que la vida.

POR EJEMPLO EL MUNDO

Juraría que hoy el mundo es justo
y se está acurrucando entre mis piernas.
Escucho murmurar el firmamento unánime
con un coro de voces
que suenan a las nuestras.

Hoy el mundo parece el patio de la infancia
perfumado de nardos y mirto y yerbabuena
restriega su mejilla con la tuya y la mía
por la cintura nos toma con su órbita.

Por más que la experiencia se empeñe en lo contrario
en el fondo lo sé y tú también lo sabes
el mundo es obstinadamente bueno
si no, no existiríamos
mucho menos aún
nos dejaría querernos.

LA GALLETA

La grandeza de la ofrenda.
El impulso del cuidado a los pequeños.
La vida antaño casi como un lienzo de Zurbarán.
La galleta obsequiada a mis seis años.
El trágico temblor de la mano que brinda.
La infancia y la vejez,
esa primera noticia del infierno
que se infiltra turbada en el paraíso.

La galleta que aún tiembla dentro de mi boca
junto a la gratitud
el reconocimiento
y el espanto.

DESPRENDIMIENTO
(Revisitación libérrima del Siglo de Oro)

No me mueve, mi amor, para beberte
el goce que me tienes prometido
ni me arredra el avance del latido
bien al contrario, me empuja a complacerte.

Tú me enardeces, amor, yo me enardezco
de mirarte rendido en tu bravura
ofreciéndome tu lágrima más pura
te absorbo, me relamo, reverdezco.

Al girarte, tus labios inflamados
besos se vuelven en humedad transida
a revivir los míos exaltados
por la gozosa entrega sin espera
lo que me das lo mismo me darías
y lo que yo te doy igual te diera.

SED ANCESTRAL

Buscaré tu pecho para acurrucar
este peso enorme que llevo en el alma
y no sé explicar.

ALFONSINA STORNI

Amo la vida, es cierto
podría decirse que incluso con delirio
el mundo no me cansa
se me antojan
cada vez más arrolladores los placeres
más lúcidas las rosas
más transparente la piel de las palabras.

Amo la vida y sin embargo a ratos
un peso me arrastra
negro
inexplicable
a un pozo asustado y falto de fe.

A mediodía el claustro se oscurece
por más vino más labios más racimos en flor.
Qué tristeza más terca tiene la alegría.
Sí, el mundo ruge fuerte, es deslumbrante
pero a veces se filtran ecos del más allá.

TUS OJOS

No puedo tener miedo
porque tengo dos faros azules
guiando mi proa a través del sueño y la conciencia.

No puedo tener pena
tengo dos lagos alpinos azules
para zarpar mi barca hacia la infinitud.

No puedo tener hambre
porque tengo dos hogares azules
esperando por mí en todas partes
con la mesa puesta
a la hoguera encendida
y todo el pan del mundo
tierno y bendito.

PROSPECCIÓN

Si quieres encontrarme
desentrañar quién soy
empieza por seguirme
adonde nunca voy.

DISCURSO DE CLAUSURA

No puedo recordar mis primeras palabras
ni puedo sospechar cuáles serán las últimas.

Tantos años de paladearlas
de construirlas dentro de la carne
y ofrecerlas al mundo
como rosas
a veces como piedras.

¿Cuáles elegiré cuando me vaya?
¿Escalarán las tapias de las huertas?
¿Tendrán sentido o serán ceniza?
¿Las escuchará alguien?

LENGUAJE ORAL

Me recorre tu lengua reverente
riega el monte de cárdenas roquedas
se demora en los surcos
                                        místicos y amenos
reanuda el sur al norte y los invita
a un sueño de embestidas suaves, rosas
que, tembloroso, baila con mi alma.

Aún no recuerdo el cielo
pero ya escucho hablar allí tu lengua.

DOS ALMAS TUTELARES

Pero todo aquello que tocamos, tú y yo,
nos une, como un golpe de arco,
que una sola voz arranca de dos cuerdas.

RAINER MARIA RILKE

Lo más probable es que cruzasen puentes
abriesen libros, mirasen los ocasos.
Se puede adivinarlos en dos niños
que, como todos, fueron inmortales.

Nunca ha sido sencillo abrirse paso
pero las almas buscan libertad
como puerto y destino.
Charlotte escala. Josef surca los mares del planeta.

Hoy Charlotte y Josef se han enamorado
como un delfín y un águila al filo de las nubes.
Su beso es espacioso, centinela del tiempo
es un beso de musgo del que manan muchachos
vivaces de agua y yerba
                                        con pestañas de nieve.

El más joven de ellos es el hombre que yo amo.

Ya no voy a hablar más de Josef y Charlotte
porque no me fue dado conocerlos.
Podrían no haber nacido
ni haber nacido su último hijo
ni haber nacido yo.
Pero lo hicieron
él lo hizo
yo lo hice.

Ahora me encuentro aquí escribiendo estos versos
(cuando aquí significa el siglo XXI)
que aspiran a la ceremonia de la gratitud.
¿Cómo iba a imaginar que les debiese tanto a dos extraños?
Vuestro amor es un cisne que navega mi estanque.
Mi voz os busca
os busco
para daros las gracias
para deciros que después de todo
después de tantos todos del todo insospechados
yo soy a día de hoy
(cuando hoy significa el presente invencible)
lo que vosotros fuisteis
lo que hicisteis
la semilla del pan que me alimenta.

PROPÓSITO

Respiro sin propósito
solo por el placer del aire nuevo.
Sin propósito bebo
convencida si acaso por la sed.
No te quiero a propósito
pero no me concibo sin quererte
como sin respirar o sin beber.

Alejo la tristeza
las veces que no trato de esquivarla a propósito.
Persigo la alegría
y la encuentro tan solo si no me la propongo.
Canto más fuerte
las veces que recuerdo sin querer las canciones.
No te quiero a propósito
pero —lo quiera o no— necesito quererte
si aspiro a consolarme, alegrarme o cantar.

GANAR Y PERDER

No suele suceder que nadie solo pierda.
Siempre se gana, siempre.
Un puñado.
        Infinito.
                Migajas.
                        Varios cúmulos.

¿Qué idioma no posee varias gargantas?
¿Quién no se ha declarado dueño de un cronómetro?

También se pierde irremediablemente
a qué voy a mentir.
Los juguetes
        la vista
                el sueño
                        los amantes.

Diáfano si no fuera
—fortuna y desesperación nuestras mediante—
imposible tratar de distinguirlos.

FASCINUS

Claro de luna llena
tez de tallo
inamovible ahora ataviado de siempre
vino de seda
sultán de los secretos
alabarda al rescate del olvido
árbol en estampida
halcón en llamas
infinita guirnalda de pétalos de acanto
suspiro porvenir
ordenanza a favor de la entereza
insurrección de sangre
eco de antiguos dioses
lluvia al alba.

¿Se abrazan los antónimos?
¿Puede un sueño ser roca y azucena?
La poesía lo presiente.
Lo atestigua el galope de los astros.
El sexo de mi amado lo evidencia.

LOS ANTIGUOS AMORES NUNCA ENVEJECEN EN LAS FOTOGRAFÍAS

Ese amante de quien memoricé
la sonrisa y los gestos de las manos
como un voraz pirata su mapa del tesoro.

Esa criatura bendecida con todos los dones
salvo la edad propicia
aunque yo juraría
que vine al mundo solo para amarlo.

Hoy me clava de nuevo sus ojos rebosantes
de belleza infinita de papel.
Ahora yo soy más joven, parece decirme
lo nuestro solo era una cuestión de tiempo.

ÚLTIMA LLAMADA

Entre los juncos y la baja tarde,
¡qué raro que me llame Federico!

FEDERICO GARCÍA LORCA

¡Si supiera mi nombre!
Si lograra saber cómo me llaman
cómo juntan las sílabas y dicen
y al decir me recrean
me impulsan hacia fuera.

Mi destino es mi nombre.
Viviré en sus fonemas
viviré mientras alguien me pronuncie.

Puedo escuchar tu voz, dentro de un siglo.
Te imagino, hijo mío, en algún sitio
en mortal despedida que me llama.
Me imagino abatida, en ningún sitio
por no poder acunarte en mis brazos
no poder acudir a la más importante
mi recreación final sobre la Tierra
la última llamada.

LLORABAN LOS AMANTES

Lloraban los amantes
yo los recuerdo
eran
pétalos desprendidos desde una misma llama.

Lloraban sumergidos en la triste corriente
exhaustos como hélices
los amantes lloraban.

Lloraban y están muertos como lo estamos todos
como lo hemos estado y como lo estaremos
amando se alejaban erguidos de la muerte
pero la muerte no ama ni llora ni se aleja.

Lloraban los amantes que están vivos por siempre
su llanto fue camino fue presencia fue flecha.

Lloraban los amantes y sin aquellas lágrimas
no existiría el amor
ni tú ni yo ni el llanto
el sol no existiría
ni las otras estrellas.

Todo lo que amas probablemente se perderá
pero al final, el amor volverá de otra manera.

Franz Kafka

ÍNDICE

Oda a la creencia 11
Nuevo amor, nueva vida 12
Madre 13
ADN 14
La casa del futuro 15
El Todopoderoso 16
Cobarde y animosa 17
Llama azul 19
Obituario 21
Me invito a cenar 22
Lo llaman desencanto 23
¿Por qué? 24
Bodas de Santiago y Julia 25
Joie de vivre 27
El secreto de los ángeles 29
Ese maldito día que exijo no vivir 31
Amores imposibles 32
Verde vereda de asfalto 34
Esta inmensa trama 35
6 1 7 0 1 4 1 0 5 36
Por ejemplo el mundo 38
La galleta 39
Desprendimiento 40
Sed ancestral 41
Tus ojos 42

Prospección 43
Discurso de clausura 44
Lenguaje oral 45
Dos almas tutelares 46
Propósito 48
Ganar y perder 49
Fascinus 50
Los antiguos amores nunca envejecen
en las fotografías 51
Última llamada 52
Lloraban los amantes 53

Esta primera edición de
El sol y las otras estrellas
se acabó de imprimir
el 8 de abril de 2024
en Madrid.